Michael Landgraf

URSINUS

erzählt

ÜBER DIE ZEIT DER REFORMATION,
DEN HEIDELBERGER KATECHISMUS
UND DIE FRAGEN DES LEBENS

Illustrationen
von
Steffen Boiselle

Gedenktafel für Ursinus, Stiftskirche Neustadt a. d. Weinstraße

Unterschrift von Zacharias Ursinus

Impressum

Autor: Michael C. Landgraf
Mitarbeit: Oliver Beckmann, Heidrun Dierk, Helga Gutermann, Uwe Hauser, Michael D. Landgraf, Moritz Kuhn und Boris Wagner-Peterson
Illustration: Steffen Boiselle
Gefördert durch die Evangelische Kirche der Pfalz (Protestantische Landeskirche)
Satz: Clemens Ellert
© 2012 AGIRO Verlag, Neustadt an der Weinstraße
ISBN: 978-3-939233-05-3

Inhalt

Reise in eine andere Zeit	4
Fragen über das Leben damals	5
Ursinus als Kind	6
Martin Luther	7
Ursinus als Student	8
Philipp Melanchthon	9
Ursinus entdeckt einen neuen Weg	10
Huldrych Zwingli und Johannes Calvin	11
Ursinus zieht in die Kurpfalz	12
Was ist die Kurpfalz?	13
Der Auftrag des Kurfürsten	14
Zwischen Krieg und Frieden	15
Der Heidelberger Katechismus	16
Der Katechismus geht um die Welt	18
Verbreitung des Heidelberger Katechismus	19
Von Heidelberg nach Neustadt	20
Johann Casimir und das Casimirianum	21
Eine neue Bibel	22
Die Neustadter Bibel	23
Das Ende	24
Ursinus Tod und seine Wirkung	25
Fragen über das Leben – damals und heute	26
Schwierige Wörter	28
Wichtige Texte für Christen	29
Wie war das noch?	30
Zeit der Reformation zum Nachlesen	31
Ursinus vor Ort begegnen	32

Reise in eine andere Zeit

Stelle dir vor, du lebst in einer Welt …
- ohne elektrischen Strom
- in der man meist zu Fuß unterwegs ist
- in der Kaiser und Fürsten regieren und viele nichts zu sagen haben
- in der man über die Religion streitet und wegen des Glaubens vertrieben oder getötet werden kann
- in der es kaum Ärzte und Medizin gibt und man mit 50 Jahren schon als „alt" gilt
- in der Kinder arbeiten müssen und nur wenige zur Schule gehen können, weil sie viel Geld kostet

So war die Welt vor 450 Jahren. In dieser Zeit lebte Zacharias Ursinus. Sein Heidelberger Katechismus* ist bis heute ein wichtiges Lehrbuch zu Fragen über das Leben und den Glauben.

Fragen über das Leben damals

Vor 450 Jahren lebten Menschen nicht lang und erlebten oft, wie Leute starben. Daher dachten sie immer auch an ihr eigenes Sterben und fragten sich:

- *Was geschieht mit mir nach dem Tod?*
- *Was will Gott von uns Menschen?*
- *Was kann mich im Leben und Sterben trösten?*

☞ *Überlege, mit welchen Fragen Menschen sich heute beschäftigen, wenn sie über das Leben nachdenken.*

Zacharias Ursinus kannte, sammelte und ordnete Fragen seiner Zeit. Als Christ gab er Antworten, die im Heidelberger Katechismus aufgeschrieben sind.

Doch wie kam es dazu?
Was hat das mit uns zu tun?

Du findest zu diesen Fragen im Buch …

- eine **Erzählung** aus Sicht des Ursinus und Karikaturen zu der Geschichte (meist auf der linken Seite)
- **Anregungen**, über das Gelesene nachzudenken (Hand ☞, in blauer Schrift)
- **Informationen** über das Erzählte und Bilder aus der Zeit (meist rechts; Hintergrundfarbe: Hellblau)
- **Schwierige Wörter** mit einem Sternchen * versehen; sie können im Lexikon S. 28-29 nachgelesen werden

Ursinus als Kind und Student

Ich bin Zacharias Ursinus, Professor* der Theologie*.
48 Jahre bin ich alt und blicke auf eine bewegte Zeit zurück.
Geboren wurde ich am 18. Juli 1534 in Breslau*.

Mein Vater hieß eigentlich Caspar Beer. Da es üblich ist, sich einen lateinischen Namen zu geben, entschied er sich für den Namen „Ursinus", das heißt „kleiner Bär".

Vater unterrichtete die Kinder der reichen Leute in Breslau. Ihm war wichtig, dass auch ich zur Schule gehe. Ich besuchte die Latein-schule*, denn ohne Latein kann man nicht studieren. Die Lehrer waren streng – eine Rute war im Unterricht immer dabei. Wenn einer nichts wusste, bekam er einen Eselskopf aufgesetzt.

Mit 15 Jahren ging ich zum Studium an die Universität von Wittenberg. Einst lehrte hier Martin Luther. Ich fand gut, dass er sagte: „Wir sollen uns allein an die Bibel halten. Nur sie lehrt uns, was wir über Gott wissen müssen".

☞ *Ohne Schule wäre mein Leben …*

Martin Luther

Martin Luther (1483 - 1546) starb, kurz bevor Ursinus nach Wittenberg kam.

Am 31. Oktober 1517 hatte Luther seine 95 Thesen an die Schlosskirche zu Wittenberg angeschlagen. Diese Streitsätze forderten eine Erneuerung, eine Reformation* der Kirche. Da man sich nach dem Evangelium* richten soll, nannten sich die Anhänger Luthers evangelisch*. Die Menschen, die am alten Glauben festhielten, nannte man Altgläubige*.

Beim Lesen der Bibel entdeckte Luther, dass man Gott nicht durch gute Taten, Ablassbriefe* oder ein Leben im Kloster* beeinflussen kann. Gott ist wie ein liebender Vater, der barmherzig ist. So kommt es für Luther allein auf Gottes Gnade an. Und diese erkennt man nur durch die Bibel. Daher übersetzte Luther 1522 auf der Wartburg das Neue Testament ins Deutsche. 1534 erschien Luthers vollständige Übersetzung der Bibel.

Damit man den evangelischen Glauben versteht, schrieb Luther 1529 ein Lehrbuch, den „Kleinen Katechismus"*.
In manchen Fragen wollte Luther keine Unruhe. Bilder sollten weiterhin Kirchen schmücken. Den Gottesdienst veränderte er nur Schritt für Schritt.

☞ *Finde mehr über das Lehrbuch Luthers heraus.*

Luthers Freund Philipp Melanchthon war mein Professor.* Ohne ihn hätte ich nicht weitermachen können. Ein Studium war für meine Familie zu teuer.

Er sorgte dafür, dass ein Arzt aus Breslau mich unterstützte.

Melanchthon empfahl mir, auch an anderen Universitäten zu studieren. Ich hatte gehört: In der Schweiz lehrt man einen anderen evangelischen Weg. Den wollte ich kennenlernen.

Meine Studienreise führte mich nach Heidelberg, Straßburg, Basel, Zürich, Lausanne und Genf bis nach Paris. Dann ging es wieder zurück in die Schweiz und über Süddeutschland nach Breslau.

☞ *Suche folgende Orte im Atlas ...*

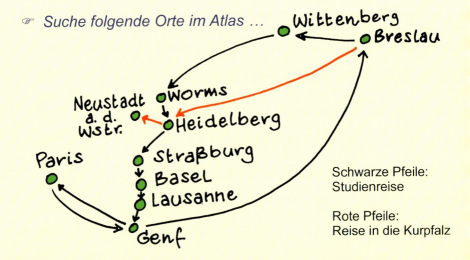

Schwarze Pfeile: Studienreise

Rote Pfeile: Reise in die Kurpfalz

URSINUS *erzählt*

Philipp Melanchthon

Philipp Melanchthon (1497-1560) war der Professor* von Ursinus, bekannt durch einen wachen Verstand und seine Redegabe.
Er stammte aus Bretten in der Kurpfalz und studierte schon mit 12 Jahren in Heidelberg. Als junger Mann wurde er Professor für alte Sprachen in Wittenberg. Er war Vertrauter Martin Luthers und half ihm, die Bibel zu übersetzen.

Melanchthon setzte sich dafür ein, dass in evangelischen Gebieten Schulen entstanden. Alle sollten die Bibel lesen können. Er schrieb Schulbücher, Pläne für den Unterricht und Schulordnungen. Daher nennt man ihn heute noch „Lehrer Deutschlands."

Auf Reichstagen* und bei Streitgesprächen über die Religion war er Wortführer der Evangelischen. Er fasste 1530 den evangelischen Glauben zusammen – im sogenannten „Augsburger Bekenntnis". Noch heute orientieren sich die Lutheraner* an dieser Schrift.

Melanchthon konnte gut im Streit vermitteln. Jedoch gelang es ihm am Ende nicht, die unterschiedlichen evangelischen Richtungen zusammenzuführen.

☞ *Im Streit vermitteln, das geht so: ...*

Ursinus entdeckt einen neuen Weg

Ich kam nach Zürich, wo die Reformation in der Schweiz begann. Hier lehrt man: Nichts darf von der Bibel ablenken. Daher gibt es keine Bilder in Kirchen. Die könnten einen ja auf andere Gedanken bringen, wenn man im Gottesdienst die Predigt oder ein Bibelwort hört.

In Genf lernte ich Johannes Calvin kennen. Er fasste den christlichen Glauben zusammen und lehrte: Gott allein entscheidet, was im Leben und Tod aus einem wird. Man muss sich vollkommen nach seinem Willen richten. Den lernt man durch die Bibel kennen. Nur so findet man den richtigen Weg im Leben.

In Genf achtet man sehr darauf, wie einer sein Leben führt. Wenn einer eifrig seiner Arbeit nachgeht, sagt man: „So lebt jemand, der zu Gott gehört."

Auch möchte man, dass viele in der Kirche mitbestimmen. Nicht nur Pfarrer, sondern alle Mitglieder in der Gemeinde sind wichtig. Man wählt Leute, die Presbyter*, die in der Kirchengemeinde das Sagen haben.

Huldrych Zwingli und Johannes Calvin

Neben den Anhängern Luthers, die man später Lutheraner* nennt, gibt es die Reformierten*. Ihre Wurzeln liegen in der Schweiz, wo es ebenfalls eine Reformation* gab.

Huldrych Zwingli (1484-1531) führte in Zürich zur gleichen Zeit wie Luther die Reformation* ein. Für ihn galt nur das, was in der Bibel steht. Auch er übersetzte die Bibel – seine „Zürcher Bibel" gibt es noch heute. Luther und Zwingli führten 1529 in Marburg ein Gespräch. In vielen Punkten war man sich einig. Doch in der Frage des Abendmahls kam es zum Streit. Zwingli sah darin nur eine Erinnerung an Jesus.

Für Luther war Jesus Christus beim Abendmahl wirklich gegenwärtig. Diese Frage führte zum Bruch zwischen den Reformatoren.

Der Rechtsgelehrte **Johannes Calvin** (1509-1564) gilt als weiterer „Vater" der Reformierten.* Daher nennen manche sie Calvinisten, auch wenn dies nicht richtig ist. Nicht eine Person, sondern die Bibel steht für die Reformierten* im Mittelpunkt. Johannes Calvin fasste den reformierten* Glauben in Büchern zusammen, die weit verbreitet waren. An ihnen orientierte sich auch Zacharias Ursinus.

☞ *Über die reformierten Lehre denke ich …*

Ursinus zieht in die Kurpfalz

1558 ging ich zurück nach Breslau und wurde Lehrer an der Schule, die ich selbst besucht hatte. Doch hier lehnte man die reformierte* Lehre ab. So zog es mich zurück in die Schweiz, denn ich fand gut, was man dort sagte.

Bald erhielt ich ein Schreiben des pfälzischen Kurfürsten Friedrich. Gerade erst war er zum reformierten* Glauben gewechselt. Er bat mich, die Pfarrer in seinem Land auszubilden. So zog ich nach Heidelberg, die Hauptstadt der Kurpfalz. Im Jahre 1562 wurde ich dort Doktor der Theologie und Professor an der berühmten Universität.

☞ *Wenn man eine neue Aufgabe übernimmt, dann muss man auf vieles achten …*

Was ist die Kurpfalz?

Vor 450 Jahren sah Deutschland anders aus als heute. Länder und große Städte waren selbstständig, obwohl es einen Kaiser gab.

Die Kurpfalz war bis vor 200 Jahren ein bedeutendes Land an den Flüssen Rhein, Mosel und Neckar. Zu ihr gehörte die Oberpfalz bei Amberg in Bayern. In ihr lagen Städte wie Heidelberg, Sinsheim, Neustadt, Kaiserslautern, Mosbach und Bretten.

Mannheim, heute die größte Stadt der Kurpfalz, war damals nur ein Dorf. Heute ist die zweitgrößte Stadt Ludwigshafen. Den Ort gab es damals noch nicht.

Der Name „Kurpfalz" kommt vom Wort „küren", also „wählen". Sieben Kurfürsten wählten den deutschen Kaiser.

Der pfälzische Kurfürst war sogar Stellvertreter des Kaisers. Und „Pfalz" bedeutet „Palast". Der Kaiser hatte viele „Pfalzen". Weil die „Pfalz am Rhein" so wertvoll war, wurde die ganze Region „Pfalz" genannt.

☞ *Frage nach: Zu welchem Land gehörte vor 500 der Ort, in dem du wohnst?*

Der Auftrag des Kurfürsten

Kurfürst Friedrich war der erste Fürst im Reich, der die reformierte* Lehre in seinem Land einführte. Das war gefährlich. Es gab nur Frieden zwischen den Anhängern Luthers und den Altgläubigen*. Doch galt der Frieden nicht für die Reformierten*.

Der Kurfürst wusste, dass er sich vor dem Kaiser und den Fürsten verteidigen musste. So gab er seinen Gelehrten den Auftrag, den neuen Glauben zusammenzufassen.

Der Kurfürst wollte eine Kirchen- und Schulordnung*, in der alle Regeln aufgeschrieben sind. Und er wollte ein neues Lehrbuch, einen Katechismus*, in dem es auf alle wichtigen Fragen des Glaubens eine Antwort gibt.

Pfarrer und Lehrer sollten mit dem Buch Kinder und Erwachsene unterrichten. Die sollten am besten die Fragen und Antworten auswendig lernen und damit umgehen können. Und ich sollte diesen Katechismus* schreiben.

Im Jahre 1563 war beides fertig: die neue Kirchen- und Schulordnung sowie mein Katechismus.

☞ *Gemeinsame Regeln wie diese können gut sein, weil …*

Zwischen Krieg und Frieden

Zwischen den Evangelischen und den Altgläubigen* gab es Streit. Auf Reichstagen* versuchte man, sich anzunähern. Doch im Jahr 1529 wollte der Kaiser überall im Reich wieder die katholische Messe einführen. Evangelische Fürsten und Städte protestierten. Daher werden Evangelische weltweit auch „Protestanten" genannt.

Nun ging man getrennte Wege und führte sogar Krieg. Daher trafen sich Vertreter beider Lager im Jahr 1555 in Augsburg und schlossen Frieden.

Die Einigung von 1555 lautete:
Jeder Fürst soll über den Glauben seiner Untertanen entscheiden können. Wenn der Fürst den Glauben wechselt, müssen dies auch die Untertanen tun.

Dieser „Augsburger Religionsfriede" sollte in allen deutschen Ländern gelten. Doch waren die Reformierten* nicht bei dem Friedensschluss dabei. So galt der Friede nicht für reformierte* Fürsten. 1566 stellte Kurfürst Friedrich III. dem Kaiser auf dem Reichstag* in Augsburg die neue Lehre vor. Die Anhänger Luthers und die Altgläubigen* hielten nicht viel davon. Doch keiner wollte zu dieser Zeit Streit oder sogar Krieg.

1618 kam es schließlich doch zum „Dreißigjährigen Krieg". Er verwüstete und entvölkerte das Land. Erst danach bemühte man sich um einen dauerhaften Frieden zwischen den Glaubensrichtungen.

☞ Über die Einigung von 1555 denke ich …

Der Heidelberger Katechismus

Der Name meines Lehrbuchs lautet: *„Catechismus oder christlicher Unterricht, wie der in Kirchen und Schulen der Churfürstlichen Pfaltz getrieben wird."*

Es besteht aus 129 Fragen und Antworten. Auf Wunsch des Kurfürsten sind Bibelstellen beigefügt. Damit ist klar, dass in diesem Lehrbuch die Bibel im Mittelpunkt steht.

Drei Teile hat der Katechismus:
1. Von des Menschen Elend
2. Von des Menschen Erlösung
3. Von der Dankbarkeit und dem Gebet

Der erste Teil soll zeigen, dass jeder Mensch im Elend, also in einer Not steckt. Warum? Keiner kann im Leben alles richtig machen. Immer wieder laden wir Schuld auf uns. Und wir wenden uns von Gott und den Menschen ab. Das nennt man Sünde. So kommt es, dass auch schlimme Dinge in der Welt geschehen.

Im zweiten Teil geht es um Gott. Er will nicht, dass wir im Elend stecken bleiben. Er will uns erlösen und zeigt uns einen Weg, wie wir leben können. Zu unserer Erlösung hat er Jesus Christus geschickt. Und durch seinen Heiligen Geist ist er immer bei uns. In diesem Teil wird daher das Glaubensbekenntnis der Christen erklärt und auch, was die Taufe und das Abendmahl bedeuten.

Der dritte Teil dreht sich um das Leben eines Menschen, der von Gott erlöst wurde. Gutes zu tun, ist der Dank für Gottes Geschenk der Vergebung. In diesem Teil erkläre ich die Zehn Gebote. Sie zeigen, wie man richtig leben kann. Und das Vaterunser zeigt, wie man richtig betet.

Mein Lehrbuch zeigt also einen Weg. Er beginnt beim Erkennen der eigenen Schuld und führt über die Erlösung durch Gott zu einem Leben in Dankbarkeit.

Manche sagen, dass der Katechismus dadurch auch ein Trostbuch ist. Er macht Mut, denn er zeigt einen Weg, wie man ein besseres Leben führen kann.

Die Sprache des Heidelberger Katechismus ist heute nicht leicht zu verstehen. So lautet die erste Frage:

„1. Was ist dein einiger Trost im Leben und im Sterben?

Dass ich mit Leib und Seele, sowohl im Leben als auch im Sterben nicht mir, sondern meinem getreuen Heiland Jesus Christus gehöre, der mit seinem teuren Blut für alle meine Sünden vollkommen bezahlt und mich aus aller Gewalt des Teufels erlöst hat und so bewahrt, dass ohne den Willen meines Vaters im Himmel kein Haar von meinem Haupt fallen kann, ja, dass mir wirklich alles zu meiner Seligkeit dienen muss. Darum versichert er mich auch durch seinen heiligen Geist des ewigen Lebens und macht mich von Herzen willig und bereit, ihm hinfort zu leben."

☞ *Über den Heidelberger Katechismus kann ich anderen erzählen ...*

Der Katechismus geht um die Welt

Ich wollte keinen Streit mit den Anhängern Luthers und drückte manches vorsichtig aus. Mein Freund Caspar Olevianus verteidigte den Katechismus*, doch die Anhänger Luthers lehnten ihn weiterhin ab.

Aber andere interessierten sich sehr für ihn. In der Kurpfalz nahm man Flüchtlinge aus den Niederlanden auf, die wegen ihres reformierten* Glaubens verfolgt wurden. Sie schätzten mein Lehrbuch und verbreiteten es in ihrer Heimat und in Norddeutschland. Auch in Ungarn geschah dies.

Im Jahr 1580 wurden viele deutsche Länder reformiert und übernahmen den Heidelberger Katechismus*.

Verbreitung des Heidelberger Katechismus

Nach der Kurpfalz übernahmen die Niederländer, die Reformierten* am Niederrhein (1571) und in Ungarn (1567) den Heidelberger Katechismus*.

Um 1580 wechselten mehrere Länder im Deutschen Reich zum reformierten* Glauben und verwendeten den Katechismus. Zu ihnen gehörten Fürstentümer in Hessen (Nassau, Wied, Hanau, Büdingen), am Rhein (Moers), in der Pfalz (Zweibrücken, Simmern), in Anhalt, Bremen, der Grafschaft Bentheim und Lippe.

1610 nahmen die Herzogtümer Jülich, Kleve, Berg, 1655 Hessen-Kassel und 1713 die reformierten* Gemeinden in Preußen den Katechismus an. In der Schweiz kamen auch St. Gallen, Schaffhausen und Bern dazu.

1619 wurde auf einer Synode* in Dordrecht (Niederlande) festgelegt, dass der Heidelberger Katechismus das allgemeine Lehrbuch aller Reformierten sein soll. Auswanderer nahmen ihn mit nach Nordamerika, Südafrika und Indonesien. Er wurde in 40 Sprachen übersetzt.

☞ *Erstelle eine Karte mit den Orten, wo der Heidelberger Katechismus überall gelehrt wurde.*

Von Heidelberg nach Neustadt

Als Professor hatte ich ein festes Einkommen. So konnte ich im Juli 1574 meine Frau Margarethe heiraten. Wir bekamen einen Sohn – Johannes.

Dann starb im Jahre 1576 Kurfürst Friedrich. Sein Sohn Ludwig kam an die Macht. Er war strenger Anhänger der Lehre Luthers. Heidelberg sollte lutherisch* werden. Alle Reformierten* sollten gehen, besonders die Professoren.

Doch wohin? Ludwigs Bruder, der Pfalzgraf Johann Casimir, blieb reformiert* und hatte eine Idee. Viele von uns holte er über den Rhein nach Neustadt. Mit meiner Familie zog ich in ein schönes Haus, mitten in der Stadt.

Bereits 1578 konnten die Professoren wieder lehren. Johann Casimir errichtete nämlich in Neustadt einfach eine neue Universität – das „Casimirianum".

Nun konnte ich Studenten aus den reformierten Ländern mit meinem Katechismus erklären, welche Antworten es auf die Fragen des Lebens und des Glaubens gibt.

☞ *Plötzlich umziehen zu müssen, das wäre …*

Johann Casimir und das Casimirianum

Kurfürst Friedrich III. starb 1576. Sein Sohn Ludwig VI. wurde Kurfürst. Er war ein strenger Lutheraner*.

Ludwigs Bruder Johann Casimir (Bild) erbte einen Teil des Landes – die Region um Neustadt a. d. Weinstraße und Kaiserslautern. Er blieb reformiert*. Als Ludwig die Reformierten* nicht mehr in Heidelberg duldete, nahm Johann Casimir diese in Neustadt auf. Darunter waren Professoren wie Zacharias Ursinus sowie der Druckermeister Matthäus Harnisch.

Johann Casimir errichtete mit dem „Casimirianum" eine reformierte* Universität. Als um 1580 viele Länder zum reformierten* Glauben wechselten (siehe S. 19), schickten sie ihre Studenten nach Neustadt. Sie lernten hier mit dem Heidelberger Katechismus, wie man mit Lebens- und Glaubensfragen umgeht.

☞ *Wie man lernen kann, mit Lebens- und Glaubensfragen umzugehen, stelle ich mir so vor …*

Eine neue Bibel

Für unseren reformierten* Glauben ist die Bibel das Wichtigste. Doch welche Bibelübersetzung soll man nehmen? Die Zürcher Bibel von Zwingli? Er war ja reformiert*.

In der Kurpfalz schätzte man jedoch mehr die Übersetzung Martin Luthers. Doch standen in Lutherbibeln am Rand und in Vorreden Anmerkungen von ihm. Die passten nicht zur reformierten* Lehre. Was also tun?

Schon in Heidelberg hatte man die Idee einer Bibel, in der nur der Bibeltext Martin Luthers zu finden war, ohne Anmerkungen. Meister Matthäus Harnisch druckte in Neustadt diese Bibel neu. Sie ist handlich, und man kann gut in ihr lesen. Und sie ist die erste Bibel mit Verszählung. So kann man Bibelstellen besser finden.

Druckermeister Harnisch widmete sie Pfalzgraf Johann Casimir, weil der eine neue Heimat für die Reformierten* geschaffen hatte.

Diese Bibel ist eine gute Grundlage. Doch es fehlen darin Hinweise, wie die Reformierten* die Bibel verstehen.

☞ *Die Bibel steht für die Reformierten im Mittelpunkt. Welche Rolle spielt die Bibel in deinem Umfeld?*

Die Neustadter Bibel

Für die Reformierten ist die Bibel besonders wichtig. In der Schweiz verwendete man die „Zürcher Bibel" von Huldrych Zwingli (siehe S. 11).

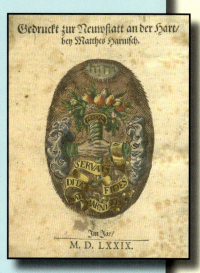

In der Kurpfalz wollte man lieber den Text der Lutherbibel. In Lutherbibeln waren damals aber Anmerkungen von Martin Luther zu finden. Das passte nicht zur reformierten* Lehre. Daher entschied man, 1568 in Heidelberg und 1579 in Neustadt eine Lutherbibel ohne diese Anmerkungen zu drucken. Matthäus Harnisch übernahm diese Aufgabe in Neustadt.

Bald wollte man eine Lutherbibel mit reformierten* Anmerkungen. So entstand im Jahre 1587 die „Neustadter Bibel". Späteren Ausgaben wurde der Heidelberger Katechismus angehängt. Ein ehemaliger Student von Ursinus, David Pareus (Bild), schrieb die Anmerkungen. Er war seit 1578 Professor in Neustadt und nahm Gedanken vom Heidelberger Katechismus in den Erklärungen mit auf.

☞ *Heute enthalten Lutherbibeln keine Hinweise, die lutherisch* oder reformiert* sind. Warum wohl?*

Das Ende

Ich blicke nun auf mein Leben zurück. 48 Jahre bin ich alt geworden. Viel bin ich herumgekommen – habe halb Europa gesehen und viele Menschen kennengelernt.

Ich bin dankbar, dass ich so gute Lehrer hatte – Philipp Melanchthon, Johannes Calvin und andere. Durch ihre Hilfe konnte ich werden, wer ich bin.

Als Lehrer hatte ich ein großes Ziel: Jeder Mensch sollte auf die Fragen des Lebens Antworten finden und darüber reden können. Mein Lehrbuch, der Heidelberger Katechismus, war ein Weg, dieses Ziel zu erreichen.

Wenn ihr mich am Ende fragt, was für mich das Wichtigste im Leben ist, kann ich nur sagen:

„Mein Trost ist, dass ich ein Kind Gottes bin."

Ursinus Tod und seine Wirkung

Zacharias Ursinus starb am 6. März 1583 in Neustadt an der Weinstraße mit 48 Jahren. Beigesetzt wurde er in der Stiftskirche zu Neustadt.

An ihn erinnern dort eine Gedenktafel, die Ursinusglocke und ein Fenster, auf dem Ursinus neben Martin Luther zu sehen ist (Bild).

Über 70 Schriften sind von Ursinus bekannt. Am bekanntesten ist der Heidelberger Katechismus*, das wichtigste Lehrbuch der reformierten* Kirchen in Deutschland, den Niederlanden, Ungarn und Schottland. Sogar in Amerika, Afrika und Indonesien wird damit gelehrt.

Der Heidelberger Katechismus ist heute nicht leicht zu verstehen. Schließlich wurden er für Menschen geschrieben, die vor über 400 Jahren lebten. Doch werden in ihm Fragen des Lebens aufgegriffen, die heute noch aktuell sind. So kann man von ihm lernen, wie man den christlichen Glauben auf den Punkt bringt.

☞ *Versuche selbst, auf den Punkt zu bringen, woran du glaubst.*

Fragen über das Leben – damals und heute

Zacharias Ursinus stellt sich im Heidelberger Katechismus Fragen über das Leben.

☞ *Denke über diese Fragen nach – am besten im Austausch mit anderen.*

Der Heidelberger Katechismus sagt **über den Menschen:** Jeder lädt im Leben viel Schuld auf sich und entfernt sich von Gott. Dies führt ihn in eine Notlage („Elend"). Wenn er dies nicht erkennt, findet er keinen Ausweg.

☞ *Über diese Aussage denke ich …*
☞ *Schuld kann aussehen …*

Der Heidelberger Katechismus sagt **über Gott:** Er will uns aus der Schuld und der Not befreien. Dazu zeigt er uns, wie wir aus dieser Lage herauskommen. Wir müssen uns vollkommen auf ihn verlassen.

☞ *Über diese Aussage denke ich …*
☞ *Über Gott denke ich …*
☞ *Dass ich befreit werden muss …*

Der Heidelberger Katechismus sagt **über die Bibel:** Nur sie kann uns helfen, wenn wir etwas über Gott und den Sinn des Lebens erfahren wollen. Daher darf nichts von der Bibel ablenken.

☞ *Über diese Aussage denke ich …*
☞ *Woran orientieren sich Menschen heute?*
☞ *Die Bibel ist für mich …*

Der Heidelberger Katechismus sagt über **Regeln für das Leben:** Es gibt viele Regeln. Doch allein Gott zeigt uns den richtigen Weg. Seinen Willen findet man in der Bibel – in den Geboten.

- Über diese Aussage denke ich …
- Gebote der Bibel, die ich wichtig finde, sind …
- Ohne gemeinsame Regeln wäre die Welt …

Der Heidelberger Katechismus sagt **über die Kirche:** Es ist wichtig, dass alle in der Kirche mitreden und mitarbeiten. Daher wählt man Presbyter*, die mit dem Pfarrer die Gemeinde leiten.

- Über diese Aussage denke ich …
- Eine ideale Kirche sieht meiner Meinung nach aus …
- In einer Kirche könnte ich mir vorstellen, folgende Aufgabe zu übernehmen …

Der Heidelberger Katechismus sagt **über den Trost:** Im Leben und im Sterben ist sicher, dass man Gottes Kind ist. Allein auf ihn kann sich der Mensch verlassen und Hoffnung schöpfen.

- Über diese Aussage denke ich …
- Wenn es mir nicht gut geht, tröstet mich …
- Ich habe die Hoffnung, dass …

Schwierige Wörter

Ablassbrief: Durch ihn soll man sich von seiner Schuld bei Gott freikaufen können.
Altgläubige: So wurden römisch-katholische Christen in der Zeit der Reformation genannt. Sie galten als Anhänger des Papstes und der lateinischen Messe.
Breslau: Der Geburtsort des Ursinus liegt heute in Polen (Wrozlaw). Damals gehörte er zum deutschen Kaiserreich.
Evangelium / evangelisch: Evangelium heißt: „frohe Botschaft" und ist der Anfang des Neuen Testaments. Die Anhänger Luthers nannten sich evangelisch, um auf die Bibel hinzuweisen.
Katechismus: Lehrbuch, in dem Fragen über Gott und die Welt gestellt und Antworten gegeben werden.
Kirchen- und Schulordnung: Darin sind Regeln zu finden, die in der Kirche und in der Schule eines Landes gelten.
Kloster: Ein Ort, an dem man sich auf Gott einlassen kann. Vor der Reformation dachte man, das Leben im Kloster bringt einem ein Verdienst bei Gott ein.
Lateinschule: Latein sprachen die Römer. Seit dem Mittelalter war es die Sprache der Gelehrten in Europa. Daher musste jeder, der studieren oder ein wichtiges Amt ausüben wollte, in einer Lateinschule die Sprache lernen.
Lutheraner: sind evangelische Christen, für die die Lehren Martin Luthers wichtig sind. Für sie steht die Bibel im Mittelpunkt, doch achten sie nicht so streng darauf, ob Bilder oder Musik im Gottesdienst von der Bibel ablenken. Lutheraner glauben, dass Jesus beim Abendmahl gegenwärtig ist.
Presbyter: heißt „Älteste". Damit sind Menschen gemeint, die von einer Gemeinde gewählt werden, um sie zu leiten. In manchen Kirchen nennt man sie auch „Kirchengemeinderat".
Professor: Lehrer an einer Universität.
Reformation: heißt „Erneuerung". Ursprünglich wollte Martin Luther nur die Kirche „erneuern". Doch es entstanden die evangelischen Kirchen.

Reformierte: sind evangelische Christen, die sich an der Reformation in der Schweiz orientieren. Am wichtigsten ist die Bibel. Nichts soll von ihr ablenken, besonders nicht in Kirchen oder im Gottesdienst. Daher gibt es dort keine Bilder. Das Abendmahl erinnert nur an Jesus. Die Gemeinde soll bei allem mitbestimmen.
Reichstag: Damals traf sich im deutschen Kaiserreich regelmäßig der Kaiser mit Fürsten, Vertretern der Kirchen und Bürgermeistern der Städte. Sie sprachen über Probleme im Reich und auch über Fragen des Glaubens.
Sünde: meint, von Gott entfernt sein und Schuld auf sich laden. Es meint auch, dass in der Welt schlimme Dinge geschehen, weil Menschen nicht nach dem guten Willen Gottes leben.
Synode: heißt „Zusammenkunft." In evangelischen Kirchen treffen sich auf einer Synode Menschen, die über die Zukunft der Kirche beraten und entscheiden.
Theologie: bedeutet „Lehre von Gott". Man studiert Theologie, um Pfarrer und Pfarrerin oder Religionslehrer und Religionslehrerin zu werden. Dazu beschäftigt man sich mit Fragen über Gott und die Welt.

Wichtige Texte für Christen

Folgende Texte werden im Heidelberger Katechismus erläutert. Du kannst sie selbst nachlesen und überlegen, was sie bedeuten:

- ☞ Das Glaubensbekenntnis (www.ekd.de)
- ☞ Die Zehn Gebote (2. Mose 20, 1-17)
- ☞ Das Vaterunser (Matthäus 6, 9-13)
- ☞ Die Taufe (Matthäus 3,11; Matthäus 28,18-20; Markus 1,4; Markus 16,16)
- ☞ Das Abendmahl (Vergleiche besonders die Worte Jesu in Matthäus 26,17-29 und Lukas 22,14-20)

Wie war das noch?

Wenn du das Buch gelesen hast …

☞ kannst du etwas zu den Personen sagen, die links abgebildet sind

☞ kannst du folgende Sätze vollenden:

- Menschen dachten damals oft an das Sterben, …
  (S. 5)

- Reformation bedeutet …
  (S. 7)

- Die Reformatoren in der Schweiz sagten, …
  (S. 11)

- Ursinus ging in die Kurpfalz, weil …
  (S. 12)

- Im Heidelberger Katechismus geht es um …
  (S. 16-17)

- Die Reformierten brauchten eine neue Bibel, weil … (S. 22-23)

- Lutheraner und Reformierte unterscheidet …
  (S. 28-29)

- Der wichtigste Satz für Zacharias Ursinus lautet …
  (S. 24)

☞ Stelle dir vor, du arbeitest bei einer Zeitung, dem „Tageblatt" deines Ortes. Zacharias Ursinus ist gerade gestorben, und du sollst einen Artikel über ihn schreiben …

Zeit der Reformation zum Nachlesen

für Kinder:

Michael Landgraf: Kennst du …? Martin Luther. Ein Bilderbuch zum Selbstgestalten, Stuttgart 2012

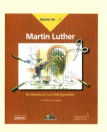

für Ältere:

Uwe Hauser: Ganz bei Trost. Eine Besichtigung des Heidelberger Katechismus, Stuttgart 2012

Heidrun Dierk/Ulrich Löffler: Kleines Buch, große Wirkung, Heidelberg 2012

für den Unterricht:

Michael Landgraf: Reformation (Reihe: ReliBausteine), Stuttgart 2008

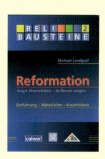

im Internet:

www.heidelberger-katechismus.de
www.heidelberger-katechismus.net

Ursinus vor Ort begegnen

in Neustadt an der Weinstraße
(ein- oder mehrtägiges Programm):

- Tourist-Information Neustadt:
  www.neustadt.eu/ursinus;
  Tel.: 06321-92 68 60
- Protestantische Stiftskirchengemeinde:
  Tel.: 06321-39 89 31; Mail:
  gemeindebuero.nw.stiftskirche@evkirchepfalz.de

Ursinushaus in
Neustadt a. d.
Weinstraße

in Heidelberg:

Evangelische Altstadtgemeinden: www.ekihd.de;
Telefon: 06221-98 03 40 (Dekanat), 06221-21 11 7 (Pfarrbüro);
Mail: heidelberger.katechismus@kbz.ekiba.de

Heidelberg

Neustadt a. d. Weinstraße